ख़ामोशी में तुम

जहाँ तुम हो, बस वही सुकून है

Mukesh Kumar Sawansa

BookLeaf Publishing
India | USA | UK

AF721866

Copyright © Mukesh Kumar Sawansa
All Rights Reserved.

This book has been self-published with all reasonable efforts taken to make the material error-free by the author. No part of this book shall be used, reproduced in any manner whatsoever without written permission from the author, except in the case of brief quotations embodied in critical articles and reviews.
The Author of this book is solely responsible and liable for its content including but not limited to the views, representations, descriptions, statements, information, opinions, and references ["Content"]. The Content of this book shall not constitute or be construed or deemed to reflect the opinion or expression of the Publisher or Editor. Neither the Publisher nor Editor endorse or approve the Content of this book or guarantee the reliability, accuracy, or completeness of the Content published herein and do not make any representations or warranties of any kind, express or implied, including but not limited to the implied warranties of merchantability, fitness for a particular purpose.
The Publisher and Editor shall not be liable whatsoever...

Made with ❤ on the BookLeaf Publishing Platform
www.bookleafpub.in
www.bookleafpub.com

Dedication

This book is dedicated to the one who turned my silence into poetry, my heart Mahima Trivedi❤

Preface

So here I am, writing again for her.
The idea to write this book came from her. She suggested me to write and publish a book.

This book and every poem written in it belongs to her. These are not just poems, these are my thoughts, my feelings for her which I have inked in it.

Thank you !!!

Acknowledgements

The only inspiration for me to write this book is my heart Mahima Trivedi.

Without her I would never have been able to write. She is the sole reason that I write and will always write for her.

She is my poetry!

1. मन करता है

जब भी तुझे देखता हूँ
तेरी उन आँखों में डूब जाने का मन करता है।

तेरी ज़ुल्फ़ें जब छू लेती हैं तेरे गोरे गालों को,
तब बड़े प्यार से उन्हें तेरे कानों के पीछे करने का मन करता है।

और मन करता है कि तुझे बस हँसाता रहूँ,
क्योंकि तेरे उस ख़ूबसूरत चेहरे पर जो चार चाँद लगा दे,
उस हँसी को भी बार-बार देखने का मन करता है।

जब रूठ जाती है तू छोटी-छोटी बातों पर,
तब बड़े प्यार से तेरे माथे को चूमकर,
तुझे गोद में उठाने का मन करता है।

और बस ये ज़िंदगी का सफ़र पूरा करने में,
तुझे हमसफ़र बनाने का मन करता है।

2. तू होती तो कुछ यूँ होता

तू होती तो कुछ यूँ होता
कि मन उदास न होकर खुश होता।
झूठी हँसी और मुस्कान न होकर
दिल ख़ुशी से झूम उठता।

कि बैठता तेरे पास मैं तेरा हाथ पकड़ कर,
इन चाँद तारों के तले खुले आसमान में।

तेरे हाथों पर मेहँदी लगाना,
तेरी आँखें देखकर मुस्कुराना,
तुझे चूमने की चाहत,
और बस तेरा हो जाना।

तू होती तो कुछ यूँ होता,
कि होता मेरे दिल में सुकून,
और मेरे पास मेरा सब होता।

मेरे लफ़्ज़ तू, मेरी कविता तू,
मेरा मौन तू, मेरी आवाज़ तू,
मेरी आदत तू, मेरी चाहत तू,

मेरा रब तू, मेरा ख़ुदा तू।

तू होती तो कुछ यूँ होता,
कि मन उदास न होकर खुश होता।

3. तक़दीर

तेरे क़रीब होकर एहसास हुआ कि
तुझसे दूरी सही नहीं जाएगी।

दिल बैठ सा जाता है मेरा इस एक ख़याल पर,
कि तू दूर एक रोज़ मुझसे चली जाएगी।

सुबह का पहला और रात का आख़िरी ख़याल हो तुम,
क्या कहूँ जाना, क्या कमाल हो तुम।

दिल चाहता है हर पल तेरे संग गुज़ारूँ मैं,
बैठ तेरे पास बस तुझको निहारूँ मैं।

एक तुझे पाने की कोशिश में कुछ यूँ बावरा हूँ मैं,
कि मुझमें तू झलकती है अब,
ख़ुद से कुछ यूँ हारा हूँ मैं।

ये हार मुझे जीत सी लगती है,
तू मुझे अपनी लगती है।

गर मिले मुझे मोहलत एक दिन मेरी तक़दीर लिखने की,

लिख दूँगा मैं तुझे मेरे नाम।

और कहूँगा ऊपर वाले से –
लिख दी मैंने ज़िंदगी मेरी,

मेरी मोहब्बत मेरे नाम लिख दी।

4. तुम्हारी याद

मैं आज भी उन रास्तों से गुज़रता हूँ
जिन रास्तों पर हम साथ चला करते थे।

वहाँ की हवाओं में तुम्हारी महक घुली है,
जिसे मैं आँखें बंद कर महसूस करता हूँ।

महसूस करता हूँ मैं उन पलों को,
जो हमने साथ बिताए थे।

बेकरार होकर हर तरफ़ ढूँढती हैं तुम्हें आँखें मेरी,
इस उम्मीद में शायद कहीं तुम्हारी झलक मिल जाए।

रुख़्सत हो जाना तो लाज़मी था तुम्हारा,
हम मोहब्बत ठीक से कहाँ कर पाए थे।

हाँ, मगर मोहब्बत करता हूँ तुमसे,
तुम्हारी चंचलता भाती है मुझे।

तुम्हारी एक हँसी और तुम्हारे साथ के बदले में,
मैं सारी खुशियाँ वार सकता हूँ।

ये रातें बिन सोए तुम्हारी याद में गुज़र जाती हैं,
और दिन मशरूफ़ रहता है तुम्हें पाने की तलाश में।

ये बात मुझे रोज़ अंदर से ख़त्म कर रही है,
एकांत में अँधेरे में बैठा रहता हूँ।

मेरे सारे ख़्वाब मैं तुम्हारे साथ पूरे करना चाहता था,
मेरी कहानी का एक अभिन्न पात्र हो तुम।

मैं रोज़ लिखता हूँ तुम्हें, रोज़ पढ़ता हूँ,
और तुम्हारी याद में थोड़ा-थोड़ा हर रोज़ मरता हूँ।

5. ख़्वाब

कुछ तो बातें वो भी कहना चाहता होगा
कुछ तो मसले वो भी सुलझाना चाहता होगा

होंगे कुछ तो ख़्वाब उसके भी
जिन्हें वो मुकम्मल करना चाहता होगा

चाहता होगा वो भी डूबना किसीकी आँखों में
सर अपना रखकर सोना किसीकी बाँहों में
वजह वो भी बनना चाहता होगा किसीकी मुस्कुराहट की
बसना वो भी चाहता होगा किसीकी साँसों में

मगर शायद कहता नहीं होगा या फिर
शायद कह सकता नहीं होगा
होंगी दस वजह न बतलाने की मगर
मोहब्बत में बिछड़न की रीत उसे भी रास न आई होगी

सोचता होगा वो भी किसीके बारे में
जब शाम ढले खिड़की पर बैठ कर चाँद को निहारा करता होगा

जब बारिश की बूँदें छूती होंगी उसके गालों को

तब आँखें बंद कर वो भी किसीका हाथ अपने हाथ में महसूस करता होगा

मगर बिछड़ने का डर उसे भी सताता होगा
और इसलिए शायद वो भी सिर्फ़ छुपाता होगा

अपने आँसू, अपने हालात, अपने जज़्बात और अपना प्यार
कुछ तो बातें वो भी कहना चाहता होगा
किसीको तो वो भी अपने दिल में छुपाता होगा

6. इंतज़ार

इंतज़ार मैं खुद का आज भी कर रहा हूँ उस मोड़ पर
जिस मोड़ पर खुद को तेरे हवाले कर दिया था

अर्से बीत गए मगर न लौटा वो जो मैं था
जो तुझसे मिलने पर तू बन गया

तू तो बढ़ गया आगे उस मोड़ से मगर
मैं आज भी उस मोड़ पर बैठा हूँ

मैं चाहता हूँ कि मैं फिर मैं बन जाऊँ
मगर ज़ेहन में मेरे है तू बस गया

7. वो शख़्स

एक याद है मेरे मन में जो मुझे याद बहुत आती है
एक आवाज़ है जो मेरे कानों में रोज़ सुनाई देती है

एक चेहरा है जो मेरी बंद आँखों के सामने रोज़ आता है
एक शख़्स है जो मेरे दिल में रहता है

भुला मैं उसे सकता नहीं और क़रीब उसके रह सकता नहीं
रिश्ता जो थोड़ा कमज़ोर हुआ उससे अब दिल की उसे कह सकता नहीं

जानता हूँ मैं वो जाएगा ज़रूर एक रोज़ मुझे छोड़ कर
मगर एक छवि है उसकी मेरे मन में
जिसे मिटा मैं सकता नहीं

अशांत रहता है मन मेरा पर किसीसे कह सकता नहीं
ये वक़्त है जो मुझसे अकेले में गुज़रता नहीं

शख़्स जो है मेरे दिल में उसकी यादों में रह जाऊँगा

अलविदा कह कर इस ज़माने से एक रोज़
उसके लिए एक ख़त छोड़ जाऊँगा

८. खोज खुद की

एकांत में बैठ कर, अंधेरों में रह कर
मन के भीतर झांक कर, मौन रह कर
युद्ध करता हूँ अपने विचारों से

अपने कर्मों का सोच कर जीवन त्याग देने की ख़्वाहिश करता हूँ
सोचता हूँ यूँ ही नहीं गले से लगाया है एकांत ने मुझे
इन अंधेरों में ही मेरा अस्तित्व छुपा है

मैं हूँ इस लायक कि कोई रुकता नहीं पास
मैं ही पीड़ा हूँ, मैं ही आँसू
मैं ही कारण हूँ, मैं ही विनाश

9. आ बैठ मेरे पास

तेरे दीदार को आँखें तरस रही
तुझे गले से लगाने को मेरी बाँहें तरस रही

चाहता हूँ तेरे पास बैठ कर तुझे सारे किस्से सुनाना
तेरे गालों को खींच कर तुझे परेशान कर जाना

तेरी उलझी ज़ुल्फ़ों को संवार कर तेरी लटों को कानों के पीछे कर जाना
तेरी मुस्कान देख कर एक बार फिर मुस्कुराना

तेरी यादों को सिरहाने रख कर सोता हूँ
तुझसे दूर हो कर हर बार मानो मैं कुछ अज़ीज़ खोता हूँ

रूबरू तुझसे होने की चाहत मेरे दिल में है
तू बने मेरा नसीब होती ये इबादत मेरी रब से है

तुझे गले से लगा कर ये एहसास तुझे दिलाना है
तू पूरी क़ायनात में सबसे हसीन है

और इस हसीन के लिए ये दिल दीवाना है

10. घर

पतझड़ के इस मौसम में
बूंदों ने दस्तक दी है

खिल रहे थे जो फूल बाग में
महकी उन पर हवा चली है

जलते चूल्हे पर सिकती रोटियाँ
माँ के हाथों से बनी हैं

मन चाहे खाना उन्हें पर
फ़ासलों से भरी ज़िंदगी मेरी है

बैठे जो शाम को आँगन में हम
याद फिर घर की आई है

खामोश है ये ज़ुबान मेरी और
आँखों में फिर नमी छाई है

कर मुलाक़ात चाँद से रात को
लिख रहा हूँ मैं इस बात को

फिर घर को लौटेंगे हम
चलो आज काटते हैं इस रात को

11. रुख़सत की घड़ी

संभलना था जिस लम्हे
उस लम्हे बिछड़े हम

तन्हाई में तुम्हें सोचता हूँ
क्या होगा उस लम्हे जब मिलना होगा तुमसे

क्या होंगे हम ख़ामोश या बातें होंगी हज़ार
सवाल आता है मन में यही बार-बार

दफ़्न कर जज़्बातों को जीना होगा क्या मुमकिन
जाना तुमसे ही मुकम्मल थे मेरे रात और दिन

आस लिए मन में एक मिलन की तुमसे
जी रहा हूँ यहाँ हर गुज़रते लम्हे

मंदिर मस्जिद गुरुद्वारे गिरजा
हर दर पे तुम्हें माँगा है

क्या बनोगी तुम क़िस्मत मेरी
सवाल यही करते हैं ये गिरते अश्क नयन से

12. नशा मोहब्बत का

हवाओं में तेरी महक है!
कानों में घुली तेरी चहक है!
साथ आया तुम्हारा रास दिल को मेरे,
इस साथ की सुगंध आती हर पहर है!

फूल सी नाज़ुक हो तुम,
मैं पत्थर सा मज़बूत प्रिये!
मांग लो तुम जान हमारी,
हम ख़ुशी-ख़ुशी देने को हो राज़ी प्रिये!

महफ़ूज़ हो तुम संग मेरे,
ना डर हो किसी के ना होने से!
रोशन है मेरी ज़िंदगी तुमसे,
सिर्फ़ डर लगता है तुम्हें खोने से!

13. मैं वक़्त से और वक़्त माँगता रहा

मैं एक टक उसे निहारता रहा!
अपनी आँखों में उसे बसाता रहा!

उसकी मुस्कान देख कर मुस्कुराता रहा!
उसकी उलझी ज़ुल्फ़ों को मैं संवारता रहा!

थामे हाथ उसका मैं दुआ माँगता रहा!
हर घड़ी हर पल मैं साथ उसका निभाता रहा!

वो था तो नहीं मेरा, पर मैं उसका होता रहा!
मोहब्बत की राह में मैं ख़ुद को बस जलाता रहा!

होगा वो शख़्स मेरा एक रोज़!
इंतज़ार मैं उसका करता रहा!

रेत सा फिसलता जा रहा वक़्त!
मैं वक़्त से और वक़्त माँगता रहा!

14. ख़्वाब जो कभी मुकम्मल न हो

मैंने एक सपना देखा है जो शायद कभी सच न हो!
अपने सपने में मैं देखता हूँ – मैं और तुम!

मैं मेहनत करता हूँ, देता हूँ अपना सब कुछ!
अपने सपने के लिए तैयार हूँ हर एक इम्तिहान देने को!

पर कभी-कभी दिल दर्द से भर जाता है!
मुझे डर लगता है तुम्हें खो देने का!

मुझे डर लगता है कि कहीं मेरा सपना अधूरा न रह जाए!
मुझे डर लगता है कि कहीं मैं और तुम कभी हम न हो पाए!

मैं सच में तुम्हें बहुत प्यार करता हूँ!
और मैं किसी भी कीमत पर अपना प्यार साबित करूँगा!

मैं ये नहीं कहता कि तुम मेरी हो,
पर ये वादा करता हूँ – मैं तुम्हारा हूँ!

मैं तुम्हारे लिए मेहनत कर रहा हूँ, तुम्हारे लिए सब चाहता हूँ!
पर बताओ, मैं क्या करूँ इन सबका?

अगर आखिर में “मैं और तुम” साथ न हुए तो?

मैं तुम्हारे साथ ही सफल होना चाहता हूँ,
क्योंकि तुम्हारे बिना मैं अधूरा महसूस करता हूँ!

मैं तुमसे प्यार करता हूँ!

15. इश्क़ की आग

इस क़दर मैं जपूं नाम तेरा!
कि मुझमें मैं न रहूं, सिर्फ़ तू समा जाए!

मैं, मैं न रहकर तू बन जाए!
इश्क़ की आग में जलकर तेरे नाम हो जाए!

ख़ाक हो मैं, सिर्फ़ तू रह जाए!
मेरे इश्क़ की निशानी तुझमें आबाद हो जाए!

शराब सहारा हुई मगर ग़म मिटा नहीं!
मिट गया मैं, मगर तू मिला नहीं!

16. कविता नहीं, शायरी

हर रोज़ मयख़ाने में मैं थोड़ा ग़म छोड़ रहा हूँ!
आहिस्ता-आहिस्ता मैं अब ख़त्म हो रहा हूँ!

तेरी तारीफ़ में लिखा है कि:

वो चाँद भी शर्म से अपनी नज़रें झुकाता होगा!
जब वो तुम्हारे चेहरे का नूर देखता होगा!

17. सुकून की तलाश

सारे मिल कर भीड़ के पीछे-पीछे चले जा रहे हैं!
कुछ सपनों के पीछे, कुछ अपनों के पीछे!

ज़िंदा-दिली सबके चेहरों पर है यहाँ!
पर दिल से कोई ज़िंदा नहीं है!

इस बात का एहसास उन्हें भी है, पर दिखाने से कतराते हैं!

हर कोई एक अनकही कहानी का किरदार है यहाँ!
बस वो कहानी बयाँ करने से घबराते हैं!

महफ़िलों में सबके हँसते चेहरे देखे हैं मैंने!
पर अकेले में सब सुकून तलाश रहे हैं!

18. दिल का मकान

मेरे दिल का मकान आज भी खाली नहीं है!
इसमें तुम्हारी यादों ने अपना घर कर लिया है!

वो घर जिसमें दोबारा कोई आ नहीं सकता!
चाह कर भी कोई उसमें अपना आशियाँ बना नहीं सकता!

रहती हो तुम मेरे ख़यालों में!
मेरे दिल, दिमाग़, और मेरी बातों में!

शाम ढले मैं जब होता हूँ मेरी शराब के साथ!
आँखों में आँसू और हाथ में होती है तस्वीर हमारी साथ!

रुख़्सत जिस रात हुए तुम मुझसे, न मेरी सुबह हुई उसके बाद!
छोड़ गई तुम, और पीछे रह गई सिर्फ़ तुम्हारी याद!

उस रात की न सुबह हुई कभी!
कि न लौटा तू फिर मेरे दिल के मकान में!
रह गया तेरा बन कर उसी रात के चाँद में!

हो फिर से तेरा दीदार मुझे!

जो मेरे भी आँगन में आए धूप सुबह सुनेहरी!
हो मेरे भी दिल के मकान पर तुम्हारी दस्तक!
और बन जाऊँ मैं तेरे नाम का जोगी!

19. इश्क़ लिखता हूँ

मैं क़लम उठाना चाहूँ तो तुम्हारा ख़याल आता है!
मैं इश्क़ लिखना चाहूँ तो तुम्हारा नाम लिखा जाता है!

मैं समंदर लिखना चाहूँ तो लिखता हूँ तुम्हारी आँखें!
मैं बादल लिखना चाहूँ तो तुम्हारे बाल लिखा जाता है!

मैं फूल लिखना चाहूँ तो तुम्हारे होंठ लिखा जाता है!
मैं नज़ाकत लिखना चाहूँ तो तुम्हारी अदाएँ लिखा जाता है!

मैं मुलायम लिखना चाहूँ तो तुम्हारे गाल लिखा जाता है!
मैं ख़ुशी लिखना चाहूँ तो तुम्हारी मुस्कान लिखा जाता है!

मैं चाहूँ लिखना मासूमियत को, तो तुम्हारे आँसू लिखा जाता है!
मैं लिखता हूँ चाँद, तो तुम्हारा चेहरा लिखा जाता है!

मैं चंचल लिखना चाहूँ तो तुम्हारा स्वभाव लिखा जाता है!
मैं सुकून लिखना चाहूँ तो तुम्हारी मौजूदगी लिखा जाता है!

मैं ज़िंदगी लिखना चाहूँ तो तुम्हारा नाम लिखा जाता है!

20. बनारसः एक ख़्वाब

मैं जाना चाहता हूँ बनारस तुम्हारे साथ!
मैं जीना चाहता हूँ बनारस तुम्हारे साथ!

चाहता हूँ घाट किनारे बैठना तुम्हारे साथ!
मृत्यु के शहर में अपनी ज़िंदगी गुज़ारना तुम्हारे साथ!

गलियों-गलियों में भटकना और
अल्हड़पन का मज़ा लूटना!
कोई बंदिश नहीं, कोई तनाव नहीं!
सिर्फ़ हम हों साथ और चाहता हूँ हर रिश्ता पीछे छोड़ना!

महाश्मशान के किनारे बैठ कर
ज़िंदगी की बातें करना!
सब छूटे, पर न छूटे हमारा साथ!

महादेव की नगरी में,
महादेव से ये प्रार्थना करना!
ना छूटे हमारा साथ कभी!
और न बाकी रहे मन में कोई आस!

मैं जाना चाहता हूँ बनारस तुम्हारे साथ!
मैं जीना चाहता हूँ बनारस तुम्हारे साथ!

21. आख़िरी सांस

आएगा वो भी समा जब मैं भी लूंगा एक आख़िरी सांस!
ना कोई गिले-शिकवे होंगे किसी से, ना बचने की होगी कोई आस!

नज़रों के आगे चाहूंगा अपने खड़े हो साथ!
मगर कोई होगा या नहीं, क्या ख़बर –
जिस पल मैं लूंगा आख़िरी सांस!

गलतियाँ की हैं हज़ारों, पश्चाताप जिनका आज भी है!
अंदर ही अंदर घुट रहा हूँ, मगर चेहरे पर मुस्कान भी है!

सभी को खोया मैंने मेरी गलतियों के कारण,
कुछ की वजह पता मुझे आज भी नहीं है!

ख़फ़ा हैं कुछ लोग मुझसे, कुछ नफ़रत भी करने लगे हैं!
मगर याद आऊँगा मैं सबको – ये मैं जानता हूँ!
क्योंकि यादें दी हैं उन्हें मैंने, पुरानी बहुत हैं!

क़िस्मत से ख़फ़ा नहीं, बस खुद से नाराज़ रहता हूँ!
अब ये जो वक़्त है, सिर्फ़ अकेलेपन में जीता हूँ!
ना कोई साथ है, ना कोई उम्मीद!

शायद तब मुझे वो माफ़ करें – जब न रहूंगा मैं यहाँ!

एक आख़िरी सांस की कहानी!
कुछ यादों की, कुछ गलतियों की कहानी!
कुछ पाने की, कुछ खोने की कहानी!

ये मेरी ज़िंदगी है – मेरी आख़िरी सांस की कहानी!

www.ingramcontent.com/pod-product-compliance
Lightning Source LLC
Chambersburg PA
CBHW070652240926
51846CB00003BA/888
* 9 7 8 9 3 7 3 1 4 4 9 2 4 *